BIBLIOTHÈQUE

DES

ENFANTS PIEUX

Approuvée par Mgr l'Evêque de Nevers

SAINT MARTIN

VIE

DE

SAINT MARTIN

ÉVÊQUE DE TOURS

PAR D. S.

TOURS

A. MAME ET Cⁱᵉ, IMPRIMEURS-LIBRAIRES

—

1852

VIE

SAINT MARTIN

ÉVÊQUE DE TOURS

Saint Martin naquit l'an 316, à Sabarie, ville de la seconde Pannonie, aujourd'hui la Hongrie. Sa famille était d'un rang distingué dans le monde; son père, d'abord simple soldat, était devenu tribun militaire, et jouissait dans l'armée d'une autorité égale à celle que les consuls exerçaient dans le reste de l'empire. Mais il n'y a ici-bas qu'un titre véritablement précieux devant Dieu, et sans lui tous les autres ne sont rien: c'est le titre de chrétien; celui-là manquait aux parents de Martin; ils avaient le malheur d'être adonnés aux erreurs de l'idolâtrie. Martin était très-jeune encore lorsque sa famille quitta la Pannonie pour aller s'établir en Italie, dans le Milanais. Elle se fixa à Pavie. Il est probable que c'est là que Dieu appela pour la première fois à lui celui qui lui devait être bientôt si étroitement uni par les liens de la charité. Martin, dès l'âge de dix ans, pressé d'un zèle plus fort que tous les obstacles, se rendit, malgré son père et sa mère, dans l'église de Pavie et demanda d'être reçu parmi les catéchumènes. Il y fut admis par l'imposition ordinaire des mains, après avoir professé généreusement la foi de Jésus-Christ, en imprimant sur son front le signe sacré de la croix.

Prévenu, dès lors, d'une grâce extraordinaire, cet enfant admirable ne respira plus que la piété; tous ses désirs le portaient à se consacrer au service de Dieu. Les déserts d'Orient étaient déjà peuplés de solitaires qui répandaient partout la bonne odeur de leurs vertus; Martin ne l'eut pas plutôt appris qu'il forma le dessein d'aller chercher auprès d'eux un asile assuré pour son innocence. Malgré la faiblesse de son âge, il aurait réalisé son généreux projet, si son père, qui voyait avec chagrin ces heureux commencements, n'eût travaillé de toutes ses forces à l'en empêcher. Il ne lui manquait pour cela qu'une occasion favorable; elle ne tarda pas à se présenter. Les empereurs avaient autrefois fait publier un édit d'après lequel les fils de vétérans devaient être enrôlés. Cet édit ayant été renouvelé, il en profita pour contraindre Martin à prendre les armes. Il le fit lier, l'enleva, le conduisit à l'armée, et le força de prêter le serment militaire. Quoique Martin ne se fût enrôlé qu'en cédant à la violence, il ne laissa pas de remplir fidèlement tous les devoirs de sa nouvelle profession. Jamais soldat ne fut plus soumis au commandement, plus intrépide dans les dangers, plus estimé de ses chefs, et en même temps plus aimé de ses compagnons d'armes.

Cependant, s'il était fidèle à César, il était encore plus fidèle à Dieu; au lieu de se corrompre, comme il arrive trop souvent, dans le métier des armes, il croissait tous les jours en piété et se montrait de plus en plus rempli de l'amour de Dieu et du prochain. En voici une preuve éclatante, digne de figurer au premier rang parmi les beaux traits de la charité. Nous laissons parler ici Sulpice Sévère lui-même, le pieux biographe de notre Saint ;

« Au milieu d'un hiver rigoureux où beaucoup de personnes périrent de froid, Martin rencontra, un jour, à la porte d'Amiens, un pauvre nu. Ce pauvre priait les passants d'avoir pitié de lui, et tous passaient outre. L'homme de Dieu comprit que ce malheureux, dont les autres n'avaient pas pitié, lui était réservé. Mais que pouvait faire Martin? il avait distribué tous ses vêtements aux pauvres, et n'avait plus que son manteau. Toutefois il saisit son épée, le coupe en deux, en donne la moitié au pauvre, et se revêt de l'autre moitié. Quelques-uns des spectateurs se prirent à rire en voyant ce vêtement difforme et écourté ; d'autres, plus sensés, gémirent du fond du cœur de n'avoir rien fait de semblable, eux qui, mieux couverts, auraient pu habiller le pauvre sans se mettre à nu. La nuit suivante, Martin, pendant son sommeil, vit Jésus-Christ vêtu de la moitié du manteau que le pauvre avait reçue. « Regarde-moi, Martin, lui dit le Seigneur, et reconnais le vêtement que tu as donné. » Puis se tournant vers les anges qui l'entouraient, Jésus dit à haute voix : « Martin, encore catéchumène, m'a donné ce vêtement. »

Depuis longtemps déjà Martin aspirait au bonheur d'être chrétien; mais, après cette apparition, ce désir le pressa si vivement qu'on peut dire qu'il vola au baptême plutôt qu'il n'y courut. Il y a lieu de croire qu'il fut baptisé à Poitiers, où l'avait attiré la réputation de saint Hilaire, qui occupait alors le siége épiscopal de cette ville. Il est certain du moins qu'il reconnut toujours ce grand défenseur de la foi pour son maître et pour son père en Jésus-Christ.

En sortant des eaux salutaires du baptême, Martin se sentit animé d'une foi plus vive encore, et plein d'une nouvelle ardeur pour le service de Dieu. Il aurait dès lors renoncé au monde pour se consacrer entièrement à Jésus-Christ, s'il eût été libre de le faire; mais la nécessité d'avoir son congé, et plus encore l'espoir de convertir un tribun qui lui promettait de renoncer au monde quand le temps de son tribunat serait écoulé, l'obligèrent de quitter saint Hilaire pour retourner au camp, où il demeura encore deux ans.

Martin était venu à Reims, où les troupes avaient ordre d'attendre l'arrivée de Julien; il le suivit jusque sur le Rhin, et eut part à l'expédition de Brucomat. Mais, craignant que la guerre ne tirât en longueur, il saisit, pour demander son congé, la première occasion qui lui parut favorable. Julien, voulant encourager son armée à bien combattre le lendemain, fit distribuer aux soldats des gratifications. Chacun d'eux venait à son tour recevoir la sienne; Martin fut appelé comme les autres. Mais, n'ayant pas dessein de servir le reste de la campagne, il crut qu'il n'était pas de son honneur de recevoir une récompense. Se tournant donc vers Julien : « Jusqu'ici, dit-il, César, j'ai servi sous tes drapeaux ; souffre maintenant que je m'engage dans une autre milice, et que je me consacre au service de Dieu. Ceux qui doivent combattre peuvent recevoir tes largesses ; pour moi, soldat du Christ, il ne m'est pas permis de combattre. » Julien frémit : « C'est moins la religion, dit-il, que la crainte de te trouver demain en face de l'ennemi qui te fait renoncer au service militaire. » Martin, loin de se laisser ébranler par cette insulte, montra une nouvelle intrépidité : « Si l'on attribue ma retraite à la lâcheté et non à la religion, reprit-il, demain je me présenterai, sans armes, à la tête de l'armée ; et au nom du Seigneur Jésus, protégé, non par un bouclier ni par un casque, mais par le signe de la croix, je pénètrerai dans les bataillons ennemis sans craindre d'y trouver la mort. » Pour toute réponse, Julien fit jeter Martin en prison, ordonnant que le lendemain il fût, comme il l'avait demandé, exposé sans armes aux traits des Barbares.

Mais le lendemain les ennemis envoyèrent demander la paix. Dieu ne permit pas que son serviteur courût un si grand danger, ou plutôt il voulut lui épargner le triste spectacle d'une bataille. Sans doute il ne l'eût pas laissé périr, car la foi de Martin était une foi toute-puissante à laquelle Dieu ne refuse rien; toutefois n'est-ce pas encore un plus grand miracle de la bonté divine, que cette victoire décidée sans effusion de sang? Julien en fut tellement frappé qu'il n'osa plus résister à la demande de Martin, et lui accorda son congé.

Martin se hâta de reprendre le chemin de Poitiers, où saint Hilaire l'attendait. Ce saint docteur, qui connaissait parfaitement Martin, et qui comprenait combien il importait de l'attacher au service des autels, voulut l'élever au diaconat. Mais Martin s'en excusa sur son indignité, et résista à toutes les sollicitations. Il consentit seulement à recevoir l'ordre d'exorciste.

Il n'eut pas la consolation de jouir longtemps de la compagnie et d'entendre les

doctes leçons du saint évêque de Poitiers.
Il fut averti en songe, pendant la nuit, de
retourner vers ses parents, qui avaient le
malheur d'être encore païens. Il suffisait
que Dieu fît connaître à Martin sa volonté
pour qu'aussitôt il se mît en devoir de l'exé-
cuter.

Ayant pris sa route par les Alpes, il s'égara
dans les détours de ces montagnes, et tomba
entre les mains des voleurs. L'un d'eux bran-
dissait déjà une hache sur la tête de Martin,
quand un autre détourna le coup, et, s'em-
parant du prisonnier, le conduisit, les mains
liées derrière le dos, dans un endroit écarté,
pour le dépouiller plus sûrement. Alors se
passa entre le brigand et le saint une scène
qui rappelle saint Jean l'Évangéliste conver-
tissant un jeune homme devenu chef de
voleurs. « Qui es-tu? demanda le brigand au
serviteur de Dieu. — Je suis chrétien, lui
dit Martin. — N'éprouves-tu pas quelque
frayeur, reprit le brigand, de te voir entre
les mains d'un homme tel que moi, et si
loin de tout secours? — Jamais, lui répondit

**

Martin, je ne fus plus rassuré ; car la miséricorde du Seigneur éclate surtout dans le péril. Non, vous ne m'inspirez aucune crainte ; mais je me sens touché pour vous d'une pitié profonde, et je vous plains sincèrement d'exercer un métier qui vous rend odieux aux hommes, et surtout indigne de la miséricorde de Jésus-Christ. »

Un langage si nouveau ne laissait pas de piquer la curiosité de cet homme farouche, et il commençait à s'y intéresser. Saint Martin, voyant qu'il prenait plaisir à l'entendre, commença à lui développer, avec toute l'onction de la charité, les divins mystères de l'Évangile. Bientôt, touché de la grâce et éclairé des saintes lumières de la foi, le voleur confessa Jésus-Christ ; puis, ayant remis le Saint dans son chemin, il se jeta humblement à ses pieds et le pria d'intercéder pour lui auprès de Dieu, afin de lui obtenir le pardon de ses crimes. Il mena depuis une vie toute chrétienne, et raconta lui-même comment il avait été converti.

Arrivé dans sa patrie, Martin trouva son

père et sa mère encore vivants. Son père resta insensible à ses exhortations et à ses larmes, et mourut dans son infidélité par un juste jugement de Dieu. Sa mère, plus docile à la voix de Jésus-Christ qui l'appelait par le ministère de son fils, eut le bonheur de croire, et de puiser dans les eaux du baptême une vie nouvelle. Dieu permit même que son exemple fût suivi d'un grand nombre de personnes, et la prédication de Martin produisit en peu de temps de merveilleux fruits de conversion.

Saint Martin venait de triompher de l'idolâtrie ; mais il trouva bientôt dans l'hérésie une ennemie plus redoutable à combattre. L'arianisme, qui s'était répandu par tout le monde, infectait particulièrement l'Illyrie, où il avait trouvé dans quelques évêques ses plus forts et ses plus zélés partisans. Ceux qui défendaient la bonne cause y étaient si opprimés, qu'aucun d'eux n'osait plus paraître ni la soutenir en public. Quoique Martin fût presque seul à lutter contre des ennemis nombreux et puissants, l'amour qu'il avait pour Jésus-

Christ lui fit regarder avec mépris les dangers auxquels il s'exposait à toute heure pour la défense de sa divinité. Les ariens, outrés de fureur, le firent fouetter plusieurs fois publiquement, et essayèrent par différents supplices d'ébranler la constance de sa foi : mais voyant qu'il était toujours le même, et que les tourments ne servaient qu'à lui faire confesser plus hautement la divinité du Verbe, ils le chassèrent honteusement de leur ville. C'est ainsi qu'il sortit de sa patrie, où il n'est jamais rentré.

Il retourna auprès de saint Hilaire, et fonda, de concert avec lui, le monastère de Ligugé près de Poitiers. Cette maison était ouverte aux catéchumènes qui avaient besoin d'instruction, et qui étaient heureux de trouver cette retraite pour s'y préparer avec moins de distraction à recevoir le baptême. Saint Martin veillait sur eux avec une sollicitude paternelle ; mais son zèle ne se bornait pas à sa seule communauté ; il la quittait souvent, il s'en absentait même quelquefois plusieurs jours de suite, selon que les besoins de l'Eglise l'exigeaient ou que la charité le demandait.

Il arriva, pendant qu'il était ainsi retenu hors de Ligugé, qu'un catéchumène, dont la retraite était toute récente, fut emporté tout à coup par une fièvre maligne, en sorte qu'on n'eut pas même le temps de lui administrer le baptême. Martin fut tristement surpris, à son retour, d'un si déplorable accident. Le corps n'était pas encore inhumé. Les religieux, rassemblés à l'entour, gémissaient de la perte qu'ils venaient de faire, et surtout de ce qu'une mort si soudaine avait rendu inutiles leurs soins et leur vigilance. Saint Martin aussi en fut sensiblement touché à cause de l'incertitude où il était du salut de son disciple. Il accourut fondant en larmes au lieu où était le corps inanimé du catéchumène. Aussitôt il fait retirer tous les frères, ferme sur lui la porte de la cellule, se met en prière, et, comme un autre Élisée, s'étend sur le mort pour le ramener à la vie par l'ardeur de sa foi. Après être demeuré quelque temps dans cette posture, par un mouvement extraordinaire de l'esprit de Dieu, il sentit qu'il avait été exaucé ; le mort fit un mouvement, ouvrit les yeux, le regarda. Il fut aussitôt baptisé, et vécut encore plusieurs années.

Le siége de Tours étant devenu vacant par la mort de saint Lidoire, saint Martin fut élevé, on peut dire, presque malgré lui, à l'épiscopat. Il ne changea rien à son ancienne manière de vivre. Ses jeûnes étaient les mêmes, son abstinence aussi exacte, ses veilles aussi longues. S'il était obligé de donner quelques heures de repos à son corps épuisé, il se jetait à terre sur une natte ou sur un cilice qui lui servait de lit, avec un peu d'herbe fanée et plus souvent une pierre pour appuyer sa tête. Son extérieur était aussi simple qu'auparavant, et il sut allier la dignité qui convient à un évêque avec l'humilité d'un solitaire. Si l'on remarqua en lui quelque changement, il ne parut que par un zèle plus ardent à travailler pour la gloire de Dieu et à lui procurer de nouveaux adorateurs. Infatigable dans la prédication de l'Évangile, il courait, pour l'annoncer, de ville en ville et de province en province; supportait sans se plaindre, la faim, la soif, le froid, le chaud, la nudité, toutes les incommodités du corps; opposait aux railleries et aux insultes de ses ennemis une patience à toute épreuve. A la voix du saint évêque, les temples des idoles s'écroulaient, et sur leurs ruines s'élevaient des autels consacrés au vrai Dieu. Plusieurs fois, dans ces circonstances, le Seigneur daigna faire conuaître à son serviteur, par les prodiges qui autorisèrent ses entreprises, combien son zèle lui était agréable.

Nous avons dit qu'en devenant évêque Martin n'avait point oublié les vertus du monastère. Pour les pratiquer plus facilement, il demeura d'abord quelque temps dans une cellule voisine de l'église. Mais la vénération et l'affection qu'on avait pour lui ne lui permirent pas d'y rester ignoré; et il n'y put jouir de toute la solitude et de toute la tranquillité qu'il espérait y trouver. Craignant que cette dissipation n'interrompît ou du moins n'affaiblît un peu la communication et la familiarité qu'il avait avec Dieu, il chercha aux environs de la ville épiscopale, où il était obligé de faire sa principale résidence, quelque lieu solitaire dans lequel il pût demeurer avec ses frères, séparé du bruit du monde et du commerce des hommes, et vivre continuellement sous les yeux du Seigneur.

La retraite que choisit Martin était située à une demi-lieue environ de la ville de Tours, et de l'autre côté, c'est-à-dire sur la rive droite de la Loire. C'était un véritable désert, enfermé d'un côté par des roches hautes et escarpées, de l'autre par un coude du fleuve, et où l'on ne pénétrait que par un sentier étroit. Le saint évêque logeait dans une cabane de bois ; les frères en avaient de semblables, ou bien s'étaient creusé des cellules dans le roc. Le nombre des disciples que Martin avait avec lui s'élevait à quatre-vingts, et tous se faisaient un devoir d'imiter les vertus de leur bienheureux maître. Ils ne possédaient rien en propre ; tous leurs biens étaient en commun ; et aucun d'eux ne pouvait ni vendre ni acheter. Le seul art qui fût exercé parmi eux était l'écriture, encore n'y appliquait-on que les jeunes; les anciens s'occupaient à l'oraison.

Les disciples de saint Martin sortaient rarement de leurs cellules, à moins que ce ne fût pour s'assembler dans l'oratoire. Ils observaient un jeûne rigoureux, après quoi ils prenaient leur repas tous ensemble. Personne ne faisait usage de vin, excepté dans le cas de maladie. Pour les vêtements, on regardait comme un crime d'y apporter de la recherche et de la délicatesse. Pendant qu'on ne lutte dans le monde que de luxe et de mollesse, on ne luttait là que de privations et d'austérités. Quelques-uns des frères portaient l'esprit de pénitence jusqu'à ne se vêtir, comme autrefois le précurseur du Messie, que de poil de chameau. Et pourtant la plupart de ces hommes étaient distingués par leur naissance; ils avaient rempli parmi leurs concitoyens des emplois considérables; ils avaient joui dans le siècle de tous les avantages que donne la richesse : appartements commodes, meubles somptueux, mets délicats, rien ne leur avait manqué; mais ils avaient appris de Martin que toutes ces choses sont vaines, et ils réduisaient courageusement leurs corps en servitude pour sauver plus sûrement leurs âmes.

Tous les jours de saint Martin étaient marqués par quelque nouveau prodige. Un homme, nommé Évence, qui occupait dans le monde un emploi considérable, et qui se faisait remarquer en même temps par sa piété, se trouva tout à coup dangereusement malade. Persuadé que tous les remèdes humains étaient impuissants pour le guérir, il fit prévenir le Saint de venir le visiter. Celui-ci n'avait pas fait encore la moitié du chemin, que le malade sentit le salutaire effet de sa visite; les forces lui revinrent rapidement, et en peu de temps il fut en état d'aller lui-même au-devant du Saint. Comme l'amitié les unissait, Martin ne laissa pas d'aller jusque chez lui et d'y demeurer quelques jours. On pense bien qu'il ne restait pas oisif pendant le temps qu'il passait ainsi dans le monde.

S'il était obligé d'interrompre ses exercices pour prendre part à quelque conversation, il ne s'entretenait que des choses du ciel, du dernier avénement du Fils de Dieu, du compte terrible qu'on lui rendra dans le jugement universel, des peines éternelles qui suivent la vie des pécheurs, et de cette gloire immense qui doit être pendant l'éternité la récompense des saints. On voyait par ses discours qu'il ne tenait plus à la terre, tant son langage surpassait celui des hommes.

Pendant que saint Martin résidait chez Évence, un serviteur de ce dernier fut mordu par un serpent d'une espèce très-dangereuse. En quelques instants le malheureux se vit réduit à l'extrémité. Évence, qui avait déjà éprouvé par lui-même le crédit que Martin avait auprès de Dieu, persuadé qu'il n'y avait rien d'impossible à ce saint homme, chargea le malade sur ses épaules et le lui porta presque mourant. Martin ne put refuser à la foi de son ami ce qu'il lui demandait avec tant d'instance. Étendant donc la main sans hésiter et avec une pleine confiance en Dieu, il toucha les membres souffrants du pauvre serviteur. A peine eut-il posé le doigt sur la plaie que le serpent lui avait faite, qu'on vit le venin, qui s'était répandu par tout le corps, se réunir en un même endroit, et bientôt s'écouler comme un sang corrompu. Aussitôt cet homme, qu'on croyait mort, ouvrit les yeux et se leva plein de santé.

Non-seulement le Saint confirmait par ses actions les promesses que Jésus-Christ a faites à ceux qui croiraient en son nom, de leur donner le pouvoir de chasser les démons, de prendre les serpents avec la main sans en ressentir aucun mal, et d'être à l'épreuve des poisons les plus subtils ; mais il commandait encore aux serpents, et les serpents lui obéissaient. Un jour qu'il se reposait au bord d'une rivière avec ses disciples, il aperçut un serpent qui la passait à la nage. Il lui commanda au nom du Seigneur de la repasser. Aussitôt le reptile se retourna, et revint rapidement vers le lieu d'où il était parti. Les disciples de saint Martin furent étonnés de l'empire que leur maître exerçait sur les animaux ;

mais lui, sans répondre aux questions qu'ils lui adressaient, ne fit que gémir en lui-même; et se plaignant de l'insensibilité des hommes : « Ils ne m'écoutent pas, dit-il, tandis que les serpents m'obéissent. »

Lorsque saint Martin eut passé quelque temps dans le monastère qu'il avait fondé près de Tours, et qu'il eut donné à son église épiscopale ses premiers soins, il travailla également à régler les autres églises de sa dépendance. Afin de surveiller lui-même tout ce qui s'y ferait, il entreprit de les visiter successivement, bien certain que nulle part sa présence ne serait inutile, ou plutôt bien assuré que partout l'esprit dont il était animé ne manquerait pas de vivifier quelques âmes.

Rien n'était plus édifiant que les courses pastorales du saint évêque ; il les faisait ordinairement à pied ; ou bien, si la longueur du chemin et le poids de la chaleur l'obligeaient de se servir quelquefois d'une monture, pour ne pas épuiser son corps affaibli déjà par les jeûnes, il n'en avait pas d'autre que la pacifique monture sur laquelle notre Seigneur voulut entrer dans Jérusalem. Il était presque toujours accompagné d'un grand nombre de ses disciples, et les précédait ordinairement de quelques pas, de peur d'être distrait, par leur entretien, de l'application continuelle qu'il avait à Dieu.

Un jour qu'il passait sur une levée étroite, il y rencontra un chariot du gouverneur de la province, tiré par plusieurs chevaux et rempli de soldats. Comme il était alors sur sa monture, vêtu, à son ordinaire, d'un habit grossier et enveloppé de son manteau noir qui pendait de tous côtés, les chevaux, qui étaient ombrageux, s'effarouchèrent à son aspect; ils reculèrent brusquement et faillirent renverser le chariot auquel ils étaient attelés. Les soldats, irrités du retard que cet accident leur causait, et plus encore du danger qu'ils avaient couru, se jetèrent sur celui qui en était l'occasion, et qu'ils ne connaissaient pas, l'accablèrent d'injures et le chargèrent de coups. Plus il montrait de patience, plus ils redoublaient leurs outrages et leurs violences ; et ils firent tant qu'ils le laissèrent pour mort.

Les disciples du Saint, qui étaient demeurés à l'écart, selon leur coutume, entendant de loin le tumulte, accoururent en toute hâte. Ayant trouvé leur maître couvert de sang et de poussière, ils le remirent à demi mort sur sa monture, et s'empressèrent de l'emmener au bourg le plus proche pour lui donner les soins qui lui étaient nécessaires. Cependant les soldats étaient retournés au chariot ; et, encore tout irrités, ils excitaient leurs chevaux par des cris et des coups de fouet ; mais tous leurs efforts furent inutiles ; les chevaux demeurèrent immobiles à la même place. Ne pouvant comprendre un fait si étrange, puisqu'il n'y avait plus rien qui dût effrayer ces animaux, ils finirent par se demander s'il n'y avait pas là quelque chose de surnaturel, et si ce n'était pas une force plus qu'humaine qui retenait leurs chevaux. Ils s'informèrent donc des passants quel était cet homme qu'ils venaient de maltraiter. Quand ils surent que c'était l'évêque de Tours, ils ne cherchèrent pas davantage à découvrir la main secrète qui les arrêtait ; ils ne doutèrent plus que ce ne fût une punition de l'injure qu'ils avaient faite à ce saint homme. Pénétrés de repentir, ils se mirent à courir après lui, se jetèrent à ses pieds, et implorèrent, en versant des larmes, le pardon de leur conduite odieuse. Saint Martin savait déjà que le chariot était arrêté. Quoiqu'il fût convaincu que le châtiment infligé à ces hommes cruels n'était que trop mérité, sa clémence ne put tenir contre leurs soupirs et leurs larmes ; il leur pardonna et pria pour eux ; et lorsqu'ils furent retournés à l'endroit où était leur attelage, ils trouvèrent leurs chevaux prêts à marcher, et continuèrent heureusement leur voyage.

Les évêques regardaient autrefois comme un devoir sacré pour eux d'aller implorer la clémence des princes en faveur de quelque criminel, et les conciles mêmes les y invitaient. Ce fut probablement pour un motif semblable que saint Martin se rendit, dans les premières années de son épiscopat, à la cour de l'empereur Valentinien, qui résidait alors à Trèves, au nord de la Gaule. Ce prince, d'abord prévenu contre le Saint, prit bientôt à son égard des sentiments plus doux; il voulut qu'il mangeât à sa table, qu'il fût admis dans tous ses entretiens, qu'il fût le confident de tous ses secrets. Il ne tenait qu'à Martin de se voir comblé de richesses et d'honneurs; mais il ne le voulut jamais; et lorsqu'au moment où il allait partir pour Tours, Valentinien lui fit offrir toutes sortes de présents pour lui et pour son monastère, il refusa constamment de les accepter, préférant à tous les trésors de l'empire l'humilité et la pauvreté, qu'il regardait comme le plus cher patrimoine de celui qui veut imiter Jésus-Christ.

On ne sait pas précisément combien saint Martin demeura de temps à Trèves; mais il paraît certain qu'il en sortit vers la fin de l'année 372, puisque Valentinien quitta les Gaules au commencement de l'année suivante pour repasser en Italie. Il est probable que ce fut en revenant de Trèves à Tours qu'il passa par Paris. La renommée de ses vertus l'y avait précédé ; car déjà cette ville avait le bonheur d'être chrétienne ; et partout où Jésus-Christ était adoré, on connaissait et on vénérait le nom de Martin. Dès qu'on apprit son arrivée, le peuple se porta en foule à sa rencontre pour lui témoigner son respect et son affection. Ce n'était pas sans chagrin que le saint évêque se voyait l'objet d'un tel empressement ; car il ne put s'y dérober, et Dieu voulut que son humilité fût encore soumise à cette épreuve, après avoir déjà passé par tant d'autres dont elle était sortie victorieuse. Mais ce n'était pas assez de ces honneurs qui viennent, pour ainsi dire, au-devant du serviteur de Dieu ; il fallait que le don des miracles qu'il avait reçu du Ciel éclatât aux yeux de tous, et ne lui laissât aucun moyen d'échapper à l'admiration et à la reconnaissance des habitants de Paris. Il trouva à l'une des portes de la ville un malheureux couvert d'une lépre affreuse. On sait avec quel soin on évitait le contact et même la vue de ceux qui étaient atteints de cette maladie horrible ; mais la charité remplissait trop l'âme de Martin pour y laisser place à cette répugnance naturelle. Il s'approcha du lépreux, le prit par la main, et lui donna le baiser de paix avec sa bénédiction. Le mal disparut aussitôt ; et le lendemain le lépreux, prosterné au pied des autels, rendait grâces à Dieu pour la santé qu'il venait de recouvrer. Pour conserver la mémoire de ce miracle, on bâtit, dans le lieu qui en fut témoin, une chapelle à laquelle on donna dans la suite le nom du Saint.

Valentinien était revenu habiter à Trèves, d'où il devait bientôt marcher contre les Barbares avec son armée. Il est probable que saint Martin choisit ce temps pour y faire un second voyage. Il y opéra encore plusieurs miracles. En revenant, il passa par la Bourgogne, qu'il convertit en partie au christianisme. Nous ne suivrons pas saint Martin dans ses prédications et dans ses autres travaux apostoliques. Qu'il nous suffise de dire qu'il ne se passa pas un jour où il n'exerçât sa charité.

Martin était parvenu à une vieillesse avancée, et son zèle ne se ralentissait pas; il continuait de visiter son diocèse, de fonder des églises, de faire régner partout l'Évangile. Mais ce qui était peut-être plus admirable encore, c'étaient les vertus qu'il pratiquait dans son monastère, et qui n'avaient pour témoins que ses disciples. « Nulle bouche ne fera jamais connaître, dit son pieux biographe, quelle fut sa vie intérieure et sa conduite journalière, comme son âme était toujours élevée vers le ciel, quelle constance et quelle mesure il mettait dans l'abstinence et le jeûne, combien il veillait et priait, consacrant à l'oraison les jours et les nuits; comme il ne passait pas un instant, autant que cela était humainement possible, sans travailler à l'œuvre de Dieu, même lorsqu'il se reposait, même lorsqu'il s'occupait d'affaires, même lorsqu'il mangeait ou dormait. A toute heure, à tout instant il priait ou lisait; et en lisant ou en faisant toute autre chose, jamais il ne cessait de prier. Les forgerons, tout en travaillant, frappent, pour se récréer, de petits coups de marteau sur l'enclume; de même Martin, encore qu'il fît tout autre chose, priait toujours. Heureux Martin! il n'y avait en lui nulle malice : il ne jugeait personne, ne condamnait personne, ne rendait à personne le mal pour le mal! Telle était sa patience à souffrir les offenses, que, bien qu'il fût évêque, les moindres clercs pouvaient l'outrager impunément, et sans qu'il les déposât jamais pour cela ou leur retirât son affection. Personne jamais ne le vit irrité, ému ni affligé; personne jamais ne le vit rire. Supérieur à l'humaine nature, il était toujours un, toujours le même, et son visage resplendissait en tout temps d'une joie céleste. Sans cesse il avait à la bouche le nom du Christ, et dans le cœur amour, paix et miséricorde. »

Cependant il apprit que la division s'était mise dans le clergé de la paroisse de Candes. Il résolut de s'y rendre aussitôt pour rétablir la concorde. Il était alors dans sa quatre-vingt-unième année; mais ni son extrême vieillesse, ni la difficulté du chemin, ni la saison déjà avancée, ne purent l'empêcher d'entreprendre ce voyage. Il pensa que ce serait dignement couronner ses travaux que de rendre la paix à cette église. Il partit donc, accompagné, selon sa coutume, d'un grand nombre de disciples.

Saint Martin resta quelque temps dans la paroisse de Candes, et rétablit l'union parmi le clergé. Il songeait à retourner à son monastère, lorsque tout à coup les forces lui manquèrent. Aussitôt il fait assembler ses disciples, et leur déclare que sa dernière heure approche. Tous alors fondant en larmes, et d'une voix entrecoupée de sanglots : « Notre père, s'écrient-ils, pourquoi nous abandonner ? A qui laisses-tu tes enfants désolés ? Des loups ravissants se jetteront sur ton troupeau ; et qui pourra le défendre quand il aura perdu son pasteur ? Nous savons combien tu désires d'être réuni à Jésus-Christ ; mais ta récompense est assurée, et, pour être différée, elle n'en sera pas moins grande. Prends donc pitié de nous que tu abandonnes ! » Martin, touché de

ces gémissements, sentit ses entrailles s'é-
mouvoir, et versa des larmes ; puis levant
les yeux au ciel, il s'adressa à Dieu · « Seigneur, dit-il, si je suis encore nécessaire à
votre peuple, je ne refuse pas le travail ; que
votre volonté soit faite ! » Entre l'amour et
l'espérance il était presqu'en suspens, ne
voulant ni abandonner ses disciples, ni être
plus longtemps séparé de Jésus-Christ. Toutefois il ne consultait ni sa volonté ni ses
désirs, et se remettait tout entier à la dispo-
sition du Seigneur. Les mains et les yeux
continuellement levés au ciel, il priait sans
relâche. Les prêtres qui l'entouraient le
supplièrent de donner quelque soulagement
à son corps exténué, en se couchant sur
l'autre côté : « Mes frères, dit-il, laissez-moi
regarder le ciel plutôt que la terre, et mettre
mon âme dans le chemin par lequel elle doit
aller à Dieu. » Ensuite, apercevant le démon
auprès de lui : « Que fais-tu là, bête cruelle ?
lui cria-t-il, tu ne trouveras rien en moi
qui t'appartienne, je serai reçu dans le sein
d'Abraham. » En disant ces mots il rendit

son âme au Seigneur. C'était un dimanche, à l'heure où s'achevaient les prières de la nuit, le 9 novembre de l'an 396, et la seconde année des empereurs Honorius et Arcadius. Le Saint avait vécu quatre-vingt-un ans, et en avait passé un peu plus de vingt-quatre dans l'épiscopat.

PRIÈRE.

Grand Saint, qui avez pratiqué toute votre vie l'humilité, la mortification, la charité, qui avez travaillé avec tant de zèle à établir la foi dans le pays que nous habitons, qui avez eu sur les démons un si puissant empire, demandez à Dieu de nous affranchir de la servitude du péché, et de nous donner toutes les vertus qui peuvent nous conduire au bonheur sans fin promis aux fidèles serviteurs du Seigneur.

FIN.

TOURS. — IMP. MAME.